おいで子どもたち

初(はじ)めて陪餐(ばいさん)する子どもたちへ

文 斎藤惇夫 ● 写真 田中雅之

日本聖公会

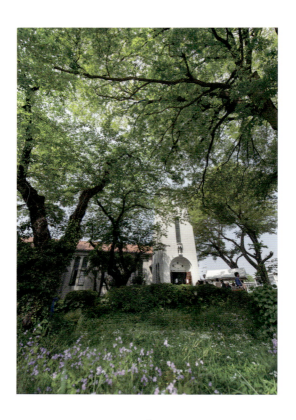

おいで子どもたち
今日はあなたがたが
はじめて教会で
パンとぶどう酒をいただく日

顔をあらって
歯をみがいて

すこしおしゃれをして
おいで子どもたち
小鳥たちといっしょに
日の光の中を

おいで子どもたち

もう二千年も前のこと

「子どもたちをわたしのもとによこしなさい

子どもたちのひとりでもつまずかせる者は

大きなひきうすを首にかけられて

海の深みに沈められるほうが

まだその人のためになる」

と言って　ほほえみながら

いつも子どもたちによりそっておられた方が

弟子たちとの最後の晩餐で
パンを裂き
「取って食べなさい

これは

あなたがたのために与える

わたしの体です」

そして杯を取り
「このぶどう酒を
飲みなさい
これは
罪が赦されるように
あなたがたのために
ながす
わたしの血です」
と言いのこして
天に帰られました。

おいで子どもたち
今日は教会で
そのパンとぶどう酒をいただく日です
どこにでもある　ふつうのパンと
ふつうのぶどう酒ですよ

けれども二千年もの間
数えきれないほどの人々が
そのパンを食べ
そのぶどう酒を飲むことによって
その方
イエス・キリストにつながろうとしました

おいで子どもたち
今日いただくパンとぶどう酒には
その数えきれないほどの人々の
悲しみと歓びの思いがとけこんでいるのです

子どもを亡くしたひと
争いや災害で家族を失ったひと
あと何年かの命と告げられたひと
心ない言葉を投げつけられたひと……

そして
重い病や苦しみにたえているひと……
愛するひととようやく結ばれたひと
傷つけあった相手と仲直りできたひと
だれかに愛されているとはじめて知ったひと

みんな
ひとりでは悲しみに耐えられなくて

そして
歓びをだれかに伝えたくて

いっしょに悲しみ
いっしょに歓んでくれる方を求め

そう

たくさんの人々(ひとびと)にとりかこまれながら

たったひとりの女性(ひと)の

おずおずと自分(じぶん)の衣(ころも)に触(ふ)れた

指先(ゆびさき)のかすかな震(ふる)えを感(かん)じ

その女性(ひと)の悲(かな)しみの全(すべ)てを受(う)けいれ

癒(いや)された

イエス・キリストに

つながろうとしてきたのです

おいで子(こ)どもたち
今日(きょう)はあなたがたが
はじめて教会(きょうかい)で
パンとぶどう酒(しゅ)を
いただく日(ひ)

沢山(たくさん)のひとの

沢山(たくさん)の悲(かな)しみと歓(よろこ)びを知(し)りはじめる日(ひ)

その悲(かな)しみと歓(よろこ)びをそのまま受(う)けいれる

イエス・キリストに

まっすぐにつながる日(ひ)

あなたがたが

今も　これからも

ひとりではないと感じる日

そして

イエス・キリストを

この世に送ってくださった

神様に感謝する日なのです

おめでとう
顔をあらって歯をみがいて

すこしおしゃれをして

おいで子どもたち
小鳥たちといっしょに
日の光の中を

子どもたちへの手紙

そしてこの本を子どもたちに
読んでくださる皆様へ

　洗礼を受けた人は、おとなも子どもも、神さまの子どもとして生涯を過ごします。初めての陪餐(ばいさん)は、この歩みの中での大切な節目の時です。キリストのからだと血であるパンとぶどう酒をいただいて、わたしたちのうちにキリストがいてくださることを、心と体で感じ、味わうことができるからです。

　このパンとぶどう酒は、ご自分をささげてくださったキリストからの、何よりの愛の贈りものです。

　教会に集まる子どももおとなも、キリストが招いてくださる食卓を囲み、ともにその贈り物に感謝し、うれしい時にも、悲しい時にも、キリストがいつもいっしょにいてくださる喜びと希望を分かち合う仲間です。ですから、みなさんが初めて

キリストの食卓に招かれ、ともにパンとぶどう酒をいただき、仲間になる素晴らしい出来事を、おとなたちも喜んでいます。

　わたしたちはこの小さな本を、たくさんの思いをこめて作りました。文を書いてくださった斎藤惇夫さんや写真を撮ってくださった田中雅之さんも、同じ聖公会の仲間として、みなさんが初めて聖餐にあずかることの素晴らしさと、見守る大人たちの喜びを、それぞれの賜物(たまもの)で表現してくださいました。

　みなさんがやがて堅信に導かれていくことができるように、教会のみんなで祈っています。堅信準備のための教会問答などは、いつかふさわしい時におとなといっしょに学んでください。

　どうぞまわりのおとなにこの本を読んでもらい、むずかしいところは教えてもらって、神さまのお食事をいただく準備をしてください。

2016年10月31日　日本聖公会礼拝委員会

おいで子どもたち
──初めて陪餐する子どもたちへ
　　　　はじ　　ばいさん

2016年10月31日　初版発行

著　者　斎藤惇夫
写　真　田中雅之
発行者　宗教法人 日本聖公会
発行所　日本聖公会管区事務所
　　　　〒162-0805 東京都新宿区矢来町65
　　　　電話 03(5228)3171　FAX 03(5228)3175
　　　　URL http://www.nskk.org
装　幀　中島祥子
編　集　坂口智子
印　刷　株式会社 精興社
製　本　大村製本 株式会社
配給元　日キ販
　　　　〒162-0814 東京都新宿区小川町9-1
　　　　電話 03(3260)5670　FAX 03(3260)5637

ISBN 978-4-908946-00-4
©Nippon Sei Ko Kai　Printed in Japan
本書の無断複製・転載を禁じます。